W0343503

Die Sonne in Dir

Danksagung:

Bedanken möchte ich mich bei
Monika Guttmann,
für ihre liebevolle und einfühlsame
Korrektur.

Raphael R. Reiter

Die Sonne in Dir

Für den Wendepunkt in Deinem Leben

Bibliografische Information der Deutschen Nationalbibliothek
Die Deutsche Nationalbibliothek verzeichnet diese Publikation in der Deutschen Nationalbibliografie; detaillierte bibliografische Daten sind im Internet über http://dnb.d-nb.de abrufbar.

„Herstellung und Verlag:
BoD - Books on Demand, Norderstedt"

ISBN - 9783848263189

Inhaltsübersicht

Vorwort

Dieses Buch

ist bewusst kurz gehalten.

Es ist für Situationen gedacht,

in denen Worte wenig hilfreich sind.

Krisensituationen, die jeder einmal erlebt,

in denen er auf sich selbst gestellt ist,

weil gerade keine Hilfe zur Stelle ist.

... das göttliche Licht ist in Dir!

Lesen Sie dieses Buch
mit dem Herzen!

Notfallsituationen

Gerade in der heutigen Zeit sind der Stressfaktor und die Anforderungen des Lebens sehr hoch.

Dies führt sehr oft zu Krisensituationen, die dann manchmal in psychischen Zusammenbrüchen enden können.

Wenn man von den alltäglichen Pflichten überfordert ist, wenn Streit Spannungen erzeugt, die nicht abgebaut werden können, wenn Ärger, Verzweiflung oder Trauer überhand nehmen und die Lebenskraft rauben, dann ist der Zusammenbruch nur mehr eine Frage der Zeit.

Egal ob dies in der Partnerschaft passiert, mit den Kindern oder am Arbeitsplatz, die Reizschwelle ist bei vielen Personen im Moment sehr dünn.

Dazu kommt noch die innere Gedankenflut, die wie eine zusätzliche Triebkraft die Dynamik beschleunigt.

Dieses kleine Krisen-Handbuch möchte eine Möglichkeit aufzeigen, was in solchen Krisensituationen getan werden kann, um das innere Gleichgewicht und die Gelassenheit wieder herzustellen und so einen schlimmeren Zusammenbruch zu verhindern.

Egal ob jetzt ein tröstender Partner zur Stelle ist oder aber auch ein Therapeut, diese Methode kann in jedem Fall angewendet werden. Sie sollte jedoch nicht die Unterstützung eines professionellen Helfers ersetzen.

Diese Methode kann auch in das alltägliche Leben integriert werden, weil es dann solchen Krisensituationen vorbeugen kann.

Krisen können zwar dadurch nicht immer verhindert werden, aber die regelmäßige Anwendung macht energetisch stabiler, weil sie das Nerven- und Immunsystem stärkt.

Es bedarf keinerlei Vorkenntnisse dafür, im Gegenteil, umso freier und unvoreingenommener man ist, desto wirkungsvoller wird es sein.

Ausdrücklich möchte ich hier auch erwähnen, dass der Betroffene eine erlebte Krisensituation nicht bewerten sollte.

Besonders sollte er sich auch nicht zusätzlich durch unnötige Gedanken verurteilen.

Lebenskrisen sind ein wichtiger Bestandteil der Menschwerdung und werden leider oft nicht als solches erkannt und von der breiten Öffentlichkeit aus Unwissenheit verurteilt.

Als Notfallsituationen bezeichne ich alle Lebenssituationen, die den Menschen aus seinem Gleichgewicht bringen.

Die Ursachen dafür können vielerlei ersichtliche, aber auch unbekannte Gründe sein.

Ebenso wird es unterschiedliche Intensitäten geben.

Besonders für Situationen, in denen der Betroffene auf sich selbst gestellt ist, ist dieses Büchlein gedacht.

Es bleibt natürlich dem Leser selbst überlassen, seine Situation so einzuschätzen, dass er entweder professionelle Hilfe aufsucht oder darauf vertraut, selbst damit zu Recht zu kommen.

Vorbereitung

Um das nachfolgende Ritual wirklich erfolgreich zu erleben, sind einige wenige Vorbereitungen erforderlich, soweit es die Situation erlaubt.

Schaffen Sie sich einen geschützten Raum in dem Sie ungestört sind. Wenn Sie mit anderen zusammen leben, teilen Sie ihnen mit, dass Sie für einige Zeit ungestört sein möchten.

Schalten Sie das Telefon aus oder legen Sie es in einen anderen Raum.

Drehen Sie auch den Radio oder das TV-Gerät oder etwaige Musik ab.

Suchen sie sich einen Platz, wo Sie sich hinlegen können und wo Sie sich wohl und sicher fühlen.

Nehmen Sie auch eine Decke hinzu, das gibt Ihnen zusätzlich Wärme und Schutz.

Sich ins Licht legen

Wenn Sie
die vorhin erwähnten
Vorbereitungen getroffen haben,
dann legen Sie sich ganz entspannt
auf den vorgesehenen Platz.

Achten Sie darauf,
dass Sie wirklich bequem
und entspannt liegen.

Schließen Sie Ihre Augen.

Jetzt beginnen Sie damit,
Ihre Aufmerksamkeit
auf Ihren Atem zu richten.

Wahrscheinlich werden viele Gedanken durch Ihren Kopf laufen.

Geben Sie diesen keine Beachtung.

Beobachten Sie Ihren Atem.

Nehmen Sie wahr,
wie sich Ihr Oberkörper
in einem Wellenrhythmus
hebt und senkt.

Öffnen Sie leicht Ihren Mund
und drücken Sie die Zunge
an die Oberseite Ihres Gaumens.

Legen Sie Ihre linke Hand
mit der Innenseite nach unten
auf Ihren Solarplexus,
oberhalb des Nabels.

Legen Sie Ihre rechte Hand
mit der Innenseite nach unten
auf Ihr Herzzentrum,
in der Mitte des Brustkorbs.

Achten Sie weiterhin
auf Ihren Atem,
wie er
in einem gleichmäßigen Rhythmus
durch Ihren Körper hindurch fließt.

Nach wie vor
fließen Gedanken durch Ihren Kopf.

Aber Sie sind
mit Ihrer Aufmerksamkeit
ganz bei Ihrem Atem.
Immer mehr werden Sie eins
mit dem Atem.

Und Sie nehmen wahr,
das Sie geatmet werden.

Sie sind eins
und fühlen den Atem von innen her.

Möglicherweise
tauchen jetzt Bilder auf.

Lassen Sie alles geschehen.

Möglicherweise
tauchen auch Emotionen auf.

Lassen Sie alles geschehen.

Bleiben Sie in der Einheit
mit dem Atem.

Gehen Sie
durch die Emotionen hindurch.

Lassen Sie auch die Bilder
wieder hinter sich.

Es kann nichts passieren.

Sie sind geschützt und behütet.

Beschleunigen Sie nichts.

Halten Sie nichts fest.

Sie merken,
wie Sie immer ruhiger werden.

Keine Gedanken.

Keine Gefühle.

Keine Bilder.

Aus dem Innersten
entfaltet sich jetzt
das göttliche Licht.

Sie spüren es,
wie es auftaucht -
wie die Morgensonne.

Es macht sich breit.

Es erfüllt Sie von innen.

Es war immer schon hier.

Jetzt
nehmen Sie es ganz deutlich wahr.

Sie werden von innen her
mit dem göttlichen Licht
durchflutet.

Es dringt
durch den ganzen
physischen Körper.

Sie werden leicht.

Alle Spannungen fallen ab.

Sie werden eins mit dem
göttlichen Licht.

Sie sind das
göttliche Licht.

Lassen Sie es zu,
lassen Sie das Licht
ganz groß und stark werden.

Spüren Sie,
wie sich Ihr Bewusstsein ausdehnt.

Verweilen Sie,
solange es gut für Sie ist.

Sie werden ganz von selbst
aus diesem Zustand erwachen.

Sie werden ganz langsam
Ihre Augen öffnen
und sich beginnen
zu bewegen.
Sie bleiben in diesem
Bewusstsein.

Sie sind
lichtdurchflutet.

Fühlen Sie,
wie sich ihre Situation
verändert hat.

Achten Sie darauf,
dass Sie in diesem
erneuerten Bewusstsein bleiben.

Lassen Sie keine störenden
Gedanken aufkommen.

Sie sind ganz einfach präsent.

Nach dem Ritual

Wenn Sie dieses Ritual einmal gemacht haben, aber nicht den gewünschten Erfolg hatten, zweifeln Sie nicht daran.

Es braucht immer wieder Hinwendung, vor allem von den Menschen, die noch nie derartiges gemacht haben.

Besonders auch von Menschen, die sehr im Verstand leben und dabei Schwierigkeiten haben, abzuschalten und zu entspannen.

Probieren Sie es immer wieder, auch wenn Sie gerade keine akute Krisensituation erleben.

Im folgenden Abschnitt werden einige Aspekte aufgezählt, die einer ausgeglichenen Lebensführung dienen.

Versuchen Sie aber nebenbei selbst heraus zu finden, wie Sie Ihr Leben verändern können und nehmen Sie aus diesem Büchlein nur das, was Ihnen wirklich im Moment hilft.

Lebensführung

Einer der wichtigsten Aspekte in der heutigen Zeit, um ein entspanntes und stressfreies Dasein zu leben, ist die Gedankenkontrolle.

Es erfordert viel Wachsamkeit, seine Gedanken zu beobachten und unliebsame, negative Gedanken zu kontrollieren, so dass sie sich nicht verselbstständigen.

Denn gerade die Gedankenflut
ist ein Hauptfaktor, der Stress erzeugt.

Dass Sie sich gesund ernähren sollten ist ein anderer Faktor, der zwar wichtig ist, aber nicht solchen Einfluss auf Ihr Dasein hat, wie die Macht der Gedanken.

Schon in der Bibel lesen wir, „am Anfang war das Wort", was natürlich einen Gedanken voraussetzt und die Mächtigkeit der Schöpferkraft zeigt.

Achten Sie daher auf den Gedankenfluss in Ihrem Innersten und lassen Sie keine negativen Gedanken zu.

Versuchen Sie sich so oft wie möglich Situationen zu schaffen, in denen Sie Hingabe leben können.

Hingabe zum Beispiel an eine Tätigkeit, in der Gedanken keinen Platz haben.

Sei es eine künstlerische Tätigkeit, im Garten oder in der Natur oder ein Dienst am Menschen.

Solche Situationen, die ein Minimum an Gedanken brauchen, wirken entspannend auf Ihre Seele.

Setzen Sie Ihre Gedanken bewusst dann ein,
wenn Sie sie brauchen.

Das kann man lernen und es fördert die Bewusstwerdung.

Ebenso ist der Ausgleich zum aktiven Tun sehr wichtig. Viele Menschen leben in Extremen und übersehen den wichtigen passiven Ausgleich des Ruhens.

Damit ist aber nicht irgendein Hobby gemeint oder ein Buch lesen, nein, auch das sind alles Tätigkeiten.

Ebenso wie Fitnessstudio, Laufen mit Walkman oder mit Freunden zusammen sitzen und Kaffee trinken.

Gemeint ist damit das Nichts Tun.

Die Welt in der wir leben ist so schnell geworden, dass viele Menschen völlig darauf vergessen, einen wirklichen Ausgleich zu schaffen.

Nichts Tun bedeutet, nach innen zu horchen, den Verstand zur Ruhe bringen, das ist damit gemeint.

Die Seele wird es Ihnen danken. Probieren Sie es aus. Nicht einmal, nicht zweimal, täglich.

Lernen Sie auf etwas zu verzichten, was zu Ihrer Gewohnheit gehört, sie aber in ein Hamsterrad zwängt und Stress erzeugt.

Öffnen Sie sich für das Neue, für das Nichts, das in Ihnen darauf wartet.

Solch ein Ausgleich kann Ihr Leben entscheidend verändern - wenn Sie es sich erlauben, in Ihren innersten Raum hinein zu horchen und zu spüren.

Neue unerwartete Dimensionen werden sich Ihnen eröffnen und Ihr Leben bereichern. Machen Sie den ersten Schritt dazu.

Warten Sie nicht bis Sie einen Zusammenbruch erleben, der Sie dann zwingt, radikal umzudenken.

Beginnen Sie jetzt damit.

Horchen Sie auf Ihre Intuition, nicht auf Ihr Bauchgefühl. Ihre Intuition sitzt im Kopfbereich, hinter den Gedanken.

Der Mensch

Der Mensch ist ein komplexes Wesen, dessen dichteste Erscheinungsform der physische Körper ist.

Dieser physische Körper braucht primär Wasser, Luft und Nahrung, damit der Organismus lebendig und gesund bleibt.

Für die Nahrung muss der Mensch arbeiten und Geld verdienen, um sich die Nahrung zu kaufen.

Dafür hat er vom Schöpfer den Willen bekommen, den er einsetzen kann, um seine Macht in rechter Weise zu erhalten.

Kraft ist dafür erforderlich, die er durch den Atem erhält. Bewegung hält den Willen aufrecht.

Doch auch das Herz braucht Wärme und Beglückung, die es durch Gefühle der Liebe erhält. Harmonie, Schönheit und die Kunst in aktiver Tätigkeit fördern das Herzbewusstsein.

Hinzu kommt der Verstand, der nach Kenntnis und Wissen strebt. Meditation führt ihn zur Weisheit, Gedanken nähren sein Ideal.

Die Seele weilt in der Unendlichkeit, um dies zu erfahren braucht es innere Stille. Dafür erfährt der Mensch Ekstase, die ihn zur Selbstlosigkeit führt.

Und der Geist ruht in der Ewigkeit, dafür braucht er Freiheit. Durch Identifikation mit dem Höchsten erlangt er Wahrheit.

Diese Komplexität macht den Menschen als Wesen aus. Jegliche Unausgeglichenheit bringt Probleme mit sich. Jede Einseitigkeit schafft Starre auf der entsprechenden Ebene.

Die Kunst des Lebens ist die Herausforderung, alle Lebensaspekte in einem ausgeglichenen Verhältnis zu integrieren.

Aktuelle Zeit

Unsere aktuelle Zeit erfährt eine enorme Beschleunigung, die verschiedene Ursachen hat.

Der Mensch selbst hat es aber in der Hand, sich nicht in diese Dynamik hinein ziehen zu lassen.

Das erfordert aber eine bewusste Auseinandersetzung mit dem eigenen Leben und mit sich selbst.

Diese Konfrontation ist unausweichlich, will man nicht in den Sog der alles verschlingenden Macht-Maschine hinein gezogen zu werden.

Die Welt im Außen können wir nur bedingt verändern, doch die Welt im Inneren absolut, wenn wir nach Innen schauen und auch darauf horchen.

Wir haben die Macht und die Kraft dafür und wenn wir diese einsetzen, können wir automatisch auch andere dabei unterstützen und fördern.

Die aktuelle Zeit hilft uns auch dabei heraus zu finden, wofür wir unsere Energie einsetzen möchten.

Ob wir uns weiterhin Tätigkeiten hingeben, die uns nicht erfüllen und nur der primären Lebenserhaltung dienen.

Oder ob wir den Mut haben, in unser Innerstes hinab zu tauchen, um dort unsere wahre Vision und Bestimmung zu finden.

Die Ängste und Unsicherheiten werden sich in den Weg stellen und unsere Wahrhaftigkeit herausfordern.

Das Urvertrauen wird uns zur Seite stehen, wenn wir nicht mehr an uns selbst glauben und wird uns auf unserem Weg stärken.

Die Liebe wird unsere Herzen öffnen, um gemeinsam in Mitgefühl den anderen in seiner Not mitzutragen.

Das göttliche Licht in uns wird alle Kräfte mobilisieren, um Krisen zu bewältigen und die Nebel der Hoffnungslosigkeit aufzulösen.

Der innere Weg

Den inneren Weg zu gehen bedeutet, seine Aufmerksamkeit von den äußeren Geschehnissen nach innen zu verlagern.

Dies aber nicht nur in der Meditation, sondern in jedem Moment, egal wo Sie sich gerade befinden.

Es erfordert von Ihnen Wachsamkeit und innere Gelassenheit und das Durchbrechen von gewohnten Verhaltensmustern.

Denn allzu sehr sind wir in oberflächlichen Reaktionsmustern gefangen, die wir durch die Jahre antrainiert haben, die uns aber innerlich leer machen.

Sie merken das sicherlich in Ihrem eigenen Lebensumfeld, wenn Sie mit guten Freunden oder Bekannten zusammen sind.

Es wird über dies oder das gesprochen, ein Thema ergibt das andere und Sie merken, Sie sind gar nicht mehr dabei.

Es berührt Sie nicht mehr, ja es erfüllt Sie nicht mehr, es geht an Ihnen vorüber.

Kennen Sie solche Situationen? Doch Sie haben nicht den Mut, aus diesen Konversationen auszusteigen, es langweilt Sie, doch Sie finden nicht den Ausgang.

Machen Sie sich solche Situationen bewusst, sie zeigen Ihnen nur, hoppla – das interessiert mich nicht mehr.

Damit haben Sie eine Möglichkeit der Kursänderung für die nächsten Begegnungen.

Denn Sie können vorher schon in sich hineinspüren, ob Sie wirklich zu solchen Treffen gehen möchten.

Ob Sie aus Höflichkeit ja sagen und eigentlich im Innersten nein sagen.

Diese Umorientierung kann der Anfang eines neuen Lebensweges sein, denn sie bringt Sie auf eine neue Fährte, die Sie zwar noch nicht kennen und auch nicht wissen wohin diese führt.

Auf jeden Fall beendet sie einen ausgetrampelten Pfad, auf dem Sie nicht mehr gehen möchten.

Sagen Sie ja zu sich selbst, auch wenn es im Außen niemand versteht. Vielleicht erkennen Sie in solchen Momenten, dass Sie viele Jahre nur das gemacht haben, was man von Ihnen erwartet hat.

Allzu oft ergeben sich solche Situationen bei vielen Menschen, das ist eine eigene Dynamik.

Doch irgendwann kommt der Moment, wo Sie es erkennen, dass Sie so nicht mehr weiter machen möchten wie bisher.

Sie suchen nach neuen Möglichkeiten und holen sich Ratschläge für die Veränderung Ihres Lebens.

Es ist aber ganz einfach. Sie brauchen keine teuren Seminare besuchen oder irgendeinen Guru im fernen Osten aufsuchen.

Sie brauchen nur nach Innen gehen und Ihre Intuition abrufen. Ihr innerster Meister wird es Ihnen danken, wenn Sie ihm die Aufmerksamkeit und das Vertrauen schenken.

Auch wenn Sie anfänglich unsicher sind, das ist normal, vor allem für diejenigen, die immer nur außenorientiert waren.

Lernen Sie Ihrem innersten Meister zu begegnen und ihm zu vertrauen. Er wird Sie durch alle Krisen hindurch führen.

Lassen Sie sich nicht verunsichern durch gutgemeinte Ratschläge von Freunden.

Diese können zwar oft nützlich sein, doch sollten Sie prüfen, ob dies wirklich Ihrem Innersten entspricht, oder ob das nur Wahrheiten von anderen Menschen sind, die aber nicht für Sie zutreffen.

Ja, das ist am Anfang vielleicht anstrengend und mühsam, leicht ist es in der Herde zu sein und einem Anführer zu folgen.

Doch wenn Sie wahrhaftig werden möchten, lernen Sie Ihrem innersten Meister zu dienen.

Dazu hilft Ihnen die tägliche Meditation, denn dabei wenden Sie sich nach innen, um Ihre Gedanken zur Ruhe zu bringen.

Nicht nur, dass die Meditation einen notwendigen Ausgleich zu Ihren täglichen Aktivitäten schafft, sie hilft auch dabei, Ihr ganzes energetisches System zu harmonisieren.

Dadurch werden Sie automatisch ruhiger und gelassener und frei von der allgemeinen Gedankenflut, in der Sie Ihre innere Stimme gar nicht mehr wahrnehmen können.

Planen Sie diese Meditationen in Ihren Alltag ein, Sie werden nach einiger Zeit merken, wie sich Ihr Leben verändert.

Zudem werden Sie stabiler und widerstandsfähiger gegen äußere Einflüsse und Krankheiten.

Eine natürliche Vorbeugung für physische und seelische Gesundheit.

Doch machen Sie es sich auch bewusst, dass dies alles kein Eintagesprogramm ist.

Orientieren Sie sich an der Sonne, sie spendet uns Licht, Wärme und Energie.

Übersetzt bedeutet dies, das Licht dient der Erkenntnis, die Wärme ist die alles verbindende Liebe und die Energie steht für lebensfrohe Kreativität.

Ich wünsche Ihnen dabei auf Ihrem Lebensweg viel Glück und Erfolg.

Anmerkung:
Zur Unterstützung für das hier in diesem Buch erwähnte „Lichtritual“, gibt es eine gesprochene, geführte Meditations-CD, die Sie direkt vom Autor beziehen können. S. 51

... seit 1999 weltweit

Die Heilkraft der

Goldenen Kristallsonnen

Wandreliefs mit heilkräftiger Wirkung!

Raphael R. Reiter

www.atelier-sonnenlicht.net

Über den Autor

Ich wurde 1953 in Wien geboren und erlernte den Beruf des Konditors. Doch schon sehr früh entdeckte ich meine Kreativität und die Lust zum Reisen.

So lernte ich viele unterschiedliche Lebensformen kennen und wagte 1980 den Sprung von der Großstadt hinaus aufs Land als Selbstversorger.

Ich war einer der ersten Bio-Bauern in Österreich, widmete mich dem Studium der Natur und der Astrologie.

Ich arbeitete mit Holz als Kunsthandwerker und Künstler, begann Astrologie- und Reinkarnations- Seminare, sowie Heilsitzungen zu machen.

Ich wurde in den Bereich des geistigen Heilens eingeweiht. Erweiterte meine Erfahrungen über viele Jahre in Deutschland und auf Reisen. Durch viele Erdheilungen und intensive geistige Heilsitzungen mit zahlreichen Menschen erweiterte sich mein Bewusstsein.

Seit 1999 mache ich die GOLDENEN KRISTALLSONNEN, zu denen ich in einer tiefen Meditation über den Erzengel Raphael inspiriert wurde.
(Auf meiner webseite finden Sie dazu mehr Informationen)

Neben meiner künstlerischen Tätigkeit, mache ich Heilsitzungen, Seminare zur Bewusstwerdung und schreibe Bücher.

Eines davon halten Sie in Ihren Händen und ich hoffe, dass es hilfreich in Ihr Leben einwirkt.

Raphael R. Reiter - Jänner 2013

Weitere Bücher des Autors

2011 - „Wenn aus der Apokalypse eine Offenbarung wird“

Von der Angst in die Liebe

60 Seiten - Paperback - € 17.-

ISBN - 9783842326286

2010 - „Gott, 2012 der Tod und die Liebe“

Schöpfung im Licht der Dimensionen

183 Seiten - Hardcover - € 23.-

ISBN - 9783839126226

2006 - „Maya Ticket“

Für die Reise bis 2012 und darüber hinaus

Grundlagen für den Mayakalender

144 Seiten - Paperback - € 17.-

ISBN - 9783200006430

2005 - „Das Christuslicht ist in Dir“
Inspirationen zum Erwachen
106 Seiten - Paperback - € 17.-
ISBN - 9783837030785

2002 - „Der Himmel auf Erden"
Botschaften aus der geistigen Welt
154 Seiten - Paperback - € 17.-
ISBN – 9783837054668

CD-„Lichtritual" Eine geführte Lichtmeditation, in der die Regenbogenfarben, visualisiert und zirkuliert werden - ohne Musik! Reinigung und Energetisierung der Aura! € 13.-

CD - "Heilung der Ahnenreihe" Wer sind unsere Ahnen Vorbereitung für das Ritual Geführtes Ritual! € 13.-

Kontaktadresse:

Atelier

SONNENLICHT

Spiritualität und Kunst

☉

Raphael R. Reiter

Klärung, Transformation, Heilung;
Vorträge - Seminare - Heilmeditationen
Erdheilungen - Heilsitzungen
Spirituelle Astrologie
Maya-Kalender
Bücher
Kunst

Wiesengasse 34
7503 Grosspetersdorf
Österreich

Telefon: ++43 (0)699 – 121 88 441
E-mail: ra.sonnenlicht@gmx.net
www.atelier-sonnenlicht.net
www.derinnereweg.at